Fındık Kitaplar Dizisi

Dişlek Tavşan

Mustafa Balel

Resimleyen
Saadet Ceylan

Morpa

Ormandaki dev köknar ağacının kovuğunda, bir tavşan ailesi yaşıyordu.

Anne, baba ve dede tavşandan oluşan bu ailenin bir de sevimli yavrusu vardı: Dişlek Tavşan!

Yavru tavşanın öndeki iki dişi, üst dudağını yırtıp dışarı fırlamış gibi duruyordu. O yüzden, herkes ona Dişlek Tavşan diyordu. Kar gibi beyaz tüyleri, yuvarlak kırmızı gözleri, pembe dudaklarıyla çok sevimliydi.

DİŞLEK TAVŞAN EVİ

Sevimli olduğu kadar çok da düzenliydi. Her şeyi yerli yerine koyardı. Kendi eşyalarını toplayarak annesine yardımcı olurdu. Köknarın yanındaki küçük bahçede dedesinin yetiştirdiği sebzelerin mutfağa yerleştirilmesi onun işiydi. Lahanaları, havuçları, marulları yaban gülleriyle çevrili kaynakta yıkamak ona zor gelmiyordu. Tersine işe yaramaktan mutlu oluyordu.

Böylece annesi vakit kaybetmeden yemeklerini hazırlayabiliyordu. Kalan zamanlarındaysa, ailesine kışlık battaniyeler, paltolar, yün çoraplar ve başlıklar örüyordu.

Dişlek Tavşan arkadaşlarıyla da iyi geçiniyordu. Hiç kırmıyordu onları. Bu yüzden de yuvasından kafasını uzatmasıyla birlikte sincaptan tarla faresine, ardıç kuşundan kelebeğe kadar hepsinin yüzü gülüyordu. Cik cik ederek, kanat çırparak, kuyruk sallayarak sevinçlerini belli ediyorlardı.

Ne var ki Dişlek Tavşan'ın mutluluğu fazla sürmedi. Ilık bir yaz günüydü. Orman, rüzgârın da etkisiyle buram buram yavşan otu, kekik, nane kokuyordu.

Küçük tavşan kaynakta havuç yıkıyordu. Birden gözü, sudaki görüntüsüne ilişti. Daha önce görmediği bir yüzle burun buruna gelince, birden ürperdi.

Eh, ne yapsın zavallı! Kocaman bir çift kulak, dudaklarını yırtıp fırlayacakmış gibi duran dişler, bir çift kırmızı erik gibi parıldayan gözler, kimi olsa korkutur tabi.

Dişlek Tavşan, şöyle bir sağına soluna baktı. Etrafta bir değişiklik yoktu. Yaban güllerinin üzerinde kelebekler uçuşuyor, sincap ağacın kovuğundaki yuvasına harıl harıl ceviz taşıyordu. Bal arısı, konduğu çiçekten; ötüp duran ağustos böceğine kıs kıs gülüyordu...

Küçük tavşanın içine bir kuşku düştü. Ormana yabancı bir hayvan gelmiş olsaydı; böyle rahat davranmazlardı. O çirkin, o korkunç yaratık kaynağın başında olacak da, onlar günlük yaşamlarını sürdürecekler; öyle mi! Olacak şey değildi bu.

"Yoksa düş mü gördüm?" dedi içinden.

Eğilip yeniden baktı suya. Yine o kocaman kulaklar... Yine o dudakları yırtıp dışarı fırlayacakmış gibi duran iri dişler... Yine iri iri açılmış o kırmızı gözler...

Korkudan elleriyle yüzünü kapatıp bir kez daha baktı. Bir de ne görsün! Sudaki yaratık da, kar beyaz tüylü patileriyle yüzünü kapatmasın mı!

Bir şaşırdı!

Ne yapması gerektiğini kestiremedi bir an. Yıkadığı havuçları kaynağın başında bırakıp kaçmayı düşündü... Tam bu sırada, arkasında bir ayak sesi duydu.

Heyecanla dönüp baktı. Gelenin dedesi olduğunu görünce rahatladı. Sevinçle dede tavşanın kollarına atıldı hemen.

Dede tavşan, onu bu hâlde görünce merak etti. Nedenini sordu. Bir yandan da, bahçede çamurlanan ellerini yıkıyordu.

Dişlek Tavşan, başından geçenleri büyük bir heyecanla dedesine anlattı.

Yaşlı tavşan, katıla katıla gülmeye başladı.

Küçük tavşan, kendisini korkutan bir olaya dedesinin gülmesine çok şaşırmıştı. Hatta, biraz da üzülmüştü.

Çok geçmeden dedesine kırılmanın anlamsız olduğunu kavradı. Çünkü dedesi, kaynakta gördüğü şeyin, sudaki kendi görüntüsü olduğunu söyledi ona. Hatta onu kaynak başına götürüp denemelerle de gösterdi.

Dişlek Tavşan rahatlamış; eski şen şakrak hâline dönüvermişti. Kelebekle oynamaya başladı. Kelebek, kahverengi ve mor benekli kanatlarını çırparak başının üzerinde uçuyordu. Dişlek Tavşan da, kulaklarını sallayarak ona mutlu mutlu gülümsüyordu.